AVANT-PROPOS

De la littérature, pour quoi faire ?

Les apprentissages fondamentaux : parler, lire, écrire ne sauraient se résumer à des savoir faire décontextualisés et vides de sens. Ouvrir aux enfants la porte de la littérature, c'est les introduire dans des univers imaginaires, leur permettre de répondre à des questions existentielles à travers des œuvres de fiction, susciter leur curiosité et leur appétit d'apprendre.
À partir de ces références littéraires, les enfants se constitueront une première culture qui entrera en résonance avec les expériences et les lectures à venir.

Quelles œuvres choisir ?

Le bibliobus Hachette propose aux jeunes lecteurs des œuvres intégrales classiques et contemporaines propres à nourrir leur réflexion, à faire naître des interrogations, et qui sont adaptées à leur connaissance de la langue et à leur compréhension.
Elles sont sélectionnées parmi la bibliographie de 300 titres établie par le ministère de l'Éducation nationale, les fonds Jeunesse d'éditeurs renommés et des inédits de qualité.

Devenir lecteur

On le sait depuis longtemps : il ne suffit pas d'avoir appris à lire pour devenir lecteur. Le goût et le plaisir de lire ne peuvent se développer qu'à partir de rencontres fréquentes avec les textes. Il convient donc, avant tout, de lire beaucoup.

Les adultes accompagneront les enfants sur le chemin de la lecture en lisant eux-mêmes des textes à haute voix et à travers des débats qui peuvent être très libres. Ils donneront ainsi aux enfants l'occasion de partager des émotions, d'éprouver leur liberté d'interprétation tout en les guidant dans leur compréhension.
Ainsi, ils les aideront peu à peu à tisser des réseaux de significations entre différentes œuvres.

La littérature à l'école

L'école vient de se fixer deux objectifs majeurs pour le cycle 3 dans ses nouveaux programmes [1].
L'un qualitatif : « Le programme de littérature du cycle 3 vise à donner à chaque élève un répertoire de références appropriées à son âge. Il permet ainsi que se constitue une culture commune susceptible d'être partagée, y compris entre générations ».
L'autre quantitatif : « Chaque année, deux classiques doivent être lus et au moins huit ouvrages appartenant à la littérature de jeunesse contemporaine ».

Il appartient aux éducateurs : enseignants, parents, médiateurs du livre, de relayer cette ambition.

Pascal Dupont
Formateur à l'IUFM Midi-Pyrénées

(1) *Qu'apprend-on à l'école élémentaire* ?, « Les nouveaux programmes », CNDP / XO éditions, 2002.

Charles Perrault

Le chat botté

Dessins de Gustave Doré et Adrien Marie

Un meunier ne laissa pour tous biens à trois enfants qu'il avait, que son moulin, son âne, et son chat. Les partages furent bientôt faits, ni le notaire, ni le procureur n'y furent point appelés. Ils auraient eu bientôt mangé tout le pauvre patrimoine. L'aîné eut le moulin, le second eut l'âne, et le plus jeune n'eut que le chat. Ce dernier ne pouvait se consoler d'avoir un si pauvre lot : « Mes frères, disait-il, pourront gagner leur vie honnêtement en se mettant ensemble ; pour moi, lorsque j'aurai mangé mon chat, et que je me serai fait un manchon de sa peau, il faudra que je meure de faim. »
Le chat qui entendait ce discours, mais qui n'en fit pas semblant, lui dit d'un air posé et sérieux : « Ne vous affligez point, mon maître, vous

des biens : ce que l'on possède

un notaire : une personne chargée d'officialiser l'acte du testament

le procureur : un employé de justice dans un tribunal

mangé : dépensé

un lot : une part d'héritage

honnêtement : correctement

un manchon : un rouleau de fourrure dans lequel on glisse les mains pour se protéger du froid

mais qui n'en fit pas semblant : mais qui fit comme si de rien n'était

posé : calme

s'affliger : ressentir un grand chagrin

n'avez qu'à me donner un sac, et me faire faire une paire de bottes pour aller dans les broussailles, et vous verrez que vous n'êtes pas si mal partagé que vous croyez. »

Quoique le maître du chat ne fît pas grand fond là-dessus, il lui avait vu faire tant de tours de souplesse, pour prendre des rats et des souris, comme quand il se pendait par les pieds, ou qu'il se cachait dans la farine pour faire le mort, qu'il ne désespéra pas d'en être secouru dans sa misère.

Lorsque le chat eut ce qu'il avait demandé, il se botta bravement et, mettant son sac à son cou, il en prit les cordons avec ses deux pattes de devant, et s'en alla dans une garenne où il y avait grand nombre de lapins. Il mit du son et des lasserons dans son sac, et s'étendant comme s'il eût été mort, il attendit que quelque jeune lapin, peu instruit encore des ruses de ce monde, vînt se fourrer dans son sac pour manger ce qu'il y avait mis.
À peine fut-il couché, qu'il eut contentement ; un jeune étourdi de lapin entra dans son sac, et le maître chat tirant aussitôt les cordons le prit et le tua sans miséricorde. Tout glorieux de sa proie, il s'en alla chez le roi et demanda à lui parler.

si mal partagé : si défavorisé

ne pas faire grand fond : ne pas compter sur

bravement : avec élégance

une garenne : un terrain boisé où les lapins vivent à l'état sauvage

du son : l'enveloppe des grains de blé que l'on donne à manger aux animaux

des lasserons : des laitues sauvages dont raffolent les lapins

se fourrer : pénétrer

sans miséricorde : sans pitié

une révérence : un salut qu'on exécute en s'inclinant et en pliant les genoux

prendre en gré : choisir

On le fit monter à l'appartement de Sa Majesté, où étant entré il fit une grande révérence au roi, et lui dit :
« Voilà, sire, un lapin de garenne que monsieur le marquis de Carabas (c'était le nom qu'il lui prit en gré de donner à son maître) m'a chargé de vous présenter de sa part.
– Dis à ton maître, répondit le roi, que je le remercie, et qu'il me fait plaisir. »

un blé : un champ de blé

donner pour boire : donner une somme d'argent en récompense d'un service rendu

le gibier : l'ensemble des animaux sauvages chassés pour être mangés

Une autre fois, il alla se cacher dans un blé, tenant toujours son sac ouvert ; et lorsque deux perdrix y furent entrées, il tira les cordons, et les prit toutes deux. Il alla ensuite les présenter au roi, comme il avait fait avec le lapin de garenne. Le roi reçut encore avec plaisir les deux perdrix, et lui fit donner pour boire.
Le chat continua ainsi pendant deux ou trois mois à porter de temps en temps au roi du gibier de la chasse de son maître.
Un jour qu'il sut que le roi devait aller à la promenade sur le bord de la rivière avec sa fille, la plus belle princesse du monde, il dit à son maître :
« Si vous voulez suivre mon conseil, votre fortune est faite ; vous n'avez qu'à vous baigner dans la rivière à l'endroit que je vous montrerai, et ensuite me laisser faire. »

dans le temps : pendant

un drôle : un jeune garçon qui aime jouer des tours

les officiers de la garde-robe : les personnes chargées de s'occuper des vêtements du roi

quérir : chercher

des caresses : des compliments

relever : rehausser

la mine : l'apparence, la tournure

à son gré : à son goût

Le marquis de Carabas fit ce que son chat lui conseillait, sans savoir à quoi cela serait bon. Dans le temps qu'il se baignait, le roi vint à passer, et le chat se mit à crier de toute sa force : « Au secours, au secours, voilà monsieur le marquis de Carabas qui se noie ! »
À ce cri, le roi mit la tête à la portière, et reconnaissant le chat qui lui avait apporté tant de fois du gibier, il ordonna à ses gardes qu'on allât vite au secours de monsieur le marquis de Carabas.
Pendant qu'on retirait le pauvre marquis de la rivière, le chat s'approcha du carrosse, et dit au roi que dans le temps que son maître se baignait, il était venu des voleurs qui avaient emporté ses habits, quoiqu'il eût crié au voleur de toute sa force ; le drôle les avait cachés sous une grosse pierre.
Le roi ordonna aussitôt aux officiers de sa garde-robe d'aller quérir un de ses plus beaux habits pour monsieur le marquis de Carabas.

Le roi lui fit mille caresses, et comme les beaux habits qu'on venait de lui donner relevaient sa bonne mine (car il était beau, et bien fait de sa personne), la fille du roi le trouva fort à son gré, et le marquis de Carabas ne lui eut pas jeté deux ou trois regards fort respectueux, et un peu tendres, qu'elle en devint amoureuse à la folie. Le roi voulut qu'il montât dans son carrosse, et qu'il fût de la promenade.

Le chat ravi de voir que son dessein commençait à réussir prit les devants, et ayant rencontré des paysans qui fauchaient un pré, il leur dit : « Bonnes gens qui fauchez, si vous ne dites au roi que le pré que vous fauchez appartient à monsieur le marquis de Carabas, vous serez tous hachés menu comme chair à pâté. »

un dessein : un projet

prendre les devants : partir avant

faucher : couper l'herbe avec une faux

ne pas manquer à demander : demander comme prévu
faucheux : personne qui fauche, ici orthographe qui correspond à la prononciation du mot au XVIIe siècle
un héritage : des terres, des domaines

Le roi ne manqua pas à demander aux faucheux à qui était ce pré qu'ils fauchaient.
« C'est à monsieur le marquis de Carabas », dirent-ils tous ensemble, car la menace du chat leur avait fait peur.
« Vous avez là un bel héritage, dit le roi au marquis de Carabas.
– Vous voyez, sire, répondit le marquis, c'est un pré qui ne manque point de rapporter abondamment toutes les années. »

maître : habile, rusé
moissonner : récolter le blé

Le maître chat, qui allait toujours devant, rencontra des moissonneurs, et leur dit :
« Bonnes gens qui moissonnez, si vous ne dites que tous ces blés appartiennent à monsieur le marquis de Carabas, vous serez tous hachés menu comme chair à pâté. »
Le roi, qui passa un moment après, voulut savoir à qui appartenaient tous les blés qu'il voyait.
« C'est à monsieur le marquis de Carabas », répondirent les moissonneurs, et le roi s'en réjouit encore avec le marquis.

Le chat, qui allait devant le carrosse, disait toujours la même chose à tous ceux qu'il rencontrait ; et le roi était étonné des grands biens de monsieur le marquis de Carabas. Le maître chat arriva enfin dans un beau château

dont le maître était un ogre, le plus riche qu'on ait jamais vu, car toutes les terres par où le roi avait passé étaient de la dépendance de ce château. Le chat, qui eut soin de s'informer qui était cet ogre, et ce qu'il savait faire, demanda à lui parler, disant qu'il n'avait pas voulu passer si près de son château, sans avoir l'honneur de lui faire la révérence.

L'ogre le reçut aussi civilement que le peut un ogre, et le fit reposer.

de la dépendance de : appartenir à

civilement : poliment

reposer : installer confortablement

« On m'a assuré, dit le chat, que vous aviez le don de vous changer en toute sorte d'animaux, que vous pouviez par exemple vous transformer en lion, en éléphant ?
– Cela est vrai, répondit l'ogre brusquement, et pour vous le montrer, vous m'allez voir devenir lion. »
Le chat fut si effrayé de voir un lion devant lui, qu'il gagna aussitôt les gouttières, non sans peine et sans péril, à cause de ses bottes qui ne valaient rien pour marcher sur les tuiles.
Quelque temps après, le chat, ayant vu que l'ogre avait quitté sa première forme, descendit, et avoua qu'il avait eu bien peur.
« On m'a assuré encore, dit le chat, mais je ne saurais le croire, que vous aviez aussi le pouvoir de prendre la forme des plus petits animaux, par exemple, de vous changer en un rat, en une souris ; je vous avoue que je tiens cela tout à fait impossible.
– Impossible ? reprit l'ogre, vous allez voir », et en même temps il se changea en une souris qui se mit à courir sur le plancher.
Le chat ne l'eut pas plus tôt aperçue qu'il se jeta dessus et la mangea.
Cependant le roi, qui vit en passant le beau château de l'ogre, voulut entrer dedans. Le chat, qui entendit le bruit du carrosse qui passait sur le

assurer : affirmer

un don : un pouvoir

gagner : se diriger vers

pont-levis, courut au-devant, et dit au roi : « Votre Majesté soit la bienvenue dans le château de monsieur le marquis de Carabas.
– Comment, monsieur le marquis, s'écria le roi, ce château est encore à vous ! il ne se peut rien de plus beau que cette cour et que tous ces bâtiments qui l'environnent ; voyons les dedans, s'il vous plaît. »
Le marquis donna la main à la jeune princesse, et suivant le roi qui montait le premier, ils entrèrent dans une grande salle où ils trouvèrent une magnifique collation que l'ogre avait fait préparer pour ses amis qui le devaient venir voir ce même jour-là, mais qui n'avaient pas osé entrer, sachant que le roi y était.
Le roi charmé des bonnes qualités de monsieur le marquis de Carabas, de même que sa fille qui en était folle, et voyant les grands biens qu'il possédait lui dit, après avoir bu cinq ou six coupes : « Il ne tiendra qu'à vous, monsieur le marquis, que vous ne soyez mon gendre. »
Le marquis, faisant de grandes révérences, accepta l'honneur que lui faisait le roi ; et dès le même jour épousa la princesse.

Le chat devint grand seigneur, et ne courut plus après les souris, que pour se divertir

un pont-levis : un pont qui se lève ou qui s'abaisse au-dessus du fossé qui entoure un château

environner : entourer

les dedans : l'intérieur

une collation : un petit repas

charmé : enchanté

un gendre : le mari de la fille

se divertir : s'amuser

MORALITÉ

Quelque grand que soit l'avantage
De jouir d'un riche héritage
Venant à nous de père en fils,
Aux jeunes gens pour l'ordinaire,
L'industrie et le savoir-faire
Valent mieux que des biens acquis.

jouir : profiter

pour l'ordinaire : d'habitude

l'industrie : l'habileté et l'intelligence

AUTRE MORALITÉ

Si le fils d'un meunier, avec tant de vitesse,
Gagne le cœur d'une princesse,
Et s'en fait regarder avec des yeux mourants,
C'est que l'habit, la mine et la jeunesse,
Pour inspirer de la tendresse,
N'en sont pas des moyens toujours indifférents.

inspirer : provoquer

Bernard Gallent

La clé de la cassette

Illustré par Sylvie Eder

Scène I

Marie est seule dans le séjour.
Elle est assise sur le canapé et feuillette un magazine.

feuilleter : tourner rapidement les pages

Marie – Ah ! Quel plaisir de se trouver tranquillement chez soi sans personne pour me casser les oreilles ! Tiens, ils proposent un nouveau produit amincissant…

amincissant : qui fait maigrir

La porte d'entrée claque.
On entend un bruit de cartable qui tombe sur le carrelage.

Marie – Qui claque la porte de cette façon ? C'est toi, Simon ?

SIMON – Oui, maman, c'est moi ! Je peux aller goûter ?
MARIE – Tu peux d'abord venir dire bonsoir !

Simon entre dans le séjour en traînant les pieds. Il embrasse sa maman.

SIMON – 'soir, m'man. Tu sais, aujourd'hui, on a fait un contrôle de maths. C'était super facile…
MARIE – À t'entendre, mon garçon, tu réussis toujours tout !

La porte claque une nouvelle fois. Un autre cartable s'affale sur le sol.

MARIE – Ah ! Vous ne pouvez pas faire attention, quand vous refermez la porte ? C'est toi, Aline ?
ALINE – Oui, c'est moi ! J'ai une faim de loup !
MARIE – Viens d'abord me dire bonsoir !

avoir une faim de loup : avoir très faim

Aline entre à son tour dans le séjour en sautillant. Elle embrasse sa maman.

en sautillant : en faisant de petits sauts

ALINE – 'soir, m'man. Tu sais, aujourd'hui, on a fait une compétition de saut en hauteur. J'ai fait le meilleur saut !
MARIE – À t'écouter, ma fille, tu es toujours championne !

un trousseau : des clés attachées à un anneau

La porte claque encore. Un trousseau de clés tombe par terre.
Marie soupire et referme son magazine.

MARIE – C'est toi, Gérard ? Mais qu'est-ce que vous avez tous avec cette porte ?
GÉRARD – C'est moi, Marie. Bonsoir ! Est-ce que je peux savoir ce que font ces deux cartables vautrés au milieu du chemin et ces blousons jetés dans l'escalier ?

vautré : étalé

ALINE – C'est pas moi, c'est Simon ! J'avais tout bien rangé !
SIMON – C'est pas vrai, c'est Aline ! Elle a tout bousculé !

bousculé : dérangé, mis en désordre

GÉRARD – Ce n'est jamais personne, je sais. Venez quand même tous les deux ranger vos sacs correctement !

en maugréant : en bougonnant

Aline et Simon obéissent en maugréant.
Gérard entre, tout souriant, se dirige vers Marie. Il tient une grande enveloppe dans sa main.

GÉRARD – Marie, tu ne devineras jamais !
MARIE – Comment veux-tu donc que je devine ?
GÉRARD – J'ai gagné le gros lot à la tombola de l'entreprise !

une tombola : une loterie

MARIE – Le gros lot ? Bravo ! Et c'est quoi, le gros lot ?

GÉRARD – Tu vas voir, c'est écrit sur ce papier...

Il ouvre la grande enveloppe et en tire une feuille. Les enfants sont revenus et se précipitent.

SIMON – Vite, papa, vite !
ALINE – Montre, papa, montre !
GÉRARD – Un peu de patience, tous les deux. Voilà... on y est. Je lis. Premier prix : un aspirateur de la marque Vit'propr' d'une valeur de 180 euros !
ALINE – Mais on a déjà un aspirateur !
SIMON – Tu aurais mieux fait de gagner une paire de rollers !
GÉRARD – J'ai gagné ce que j'ai gagné, les enfants ! Je n'ai pas choisi !
MARIE – Après tout, Gérard, c'est très bien ainsi. Maintenant, tu pourras passer ton aspirateur dans les chambres en même temps que je passerai le mien dans le séjour...
GÉRARD – Oui, euh... C'est vite dit... Enfin, on verra bien. Pour l'instant, l'important, c'est de ranger ce papier en lieu sûr. Ce n'est que vendredi que je pourrai retirer mon lot.
MARIE – Range-le donc dans la cassette...
GÉRARD – Bonne idée. Dans la cassette !

une cassette : une petite boîte

Scène II

Gérard va prendre sur l'étagère une jolie boîte décorée.
Il la dépose sur la table basse du salon.

GÉRARD – Bien. Mais il n'y a pas la clé. Sais-tu où elle est ?
MARIE – Dans le petit pot, sur la cheminée. Comme d'habitude…
GÉRARD – Tu as raison : dans le petit pot sur la cheminée… Ah, non ! La clé n'y est pas ! Le petit pot est vide ! Les enfants, avez-vous touché à cette clé ?
SIMON – Non, p'pa ! On n'y touche pas !
ALINE – Non, p'pa ! On ne s'en sert pas !
MARIE – Tu as dû la mettre ailleurs, Gérard. Il suffit de te rappeler…
GÉRARD – Non, non, je ne la mets jamais ailleurs, Marie. Toujours dans le petit pot sur la cheminée ! Vous êtes sûrs, les enfants, que vous n'avez pas joué avec ?
SIMON – On est sûr, p'pa. On ne joue jamais avec !
ALINE – Tout à fait sûr, p'pa. Ça n'a rien d'un jouet !
GÉRARD – Bon alors, puisque c'est ainsi, cherchons. Aline, grimpe sur cette chaise et

fouille dans le buffet. Simon, baisse-toi et regarde en dessous.

fouiller : rechercher soigneusement

ALINE – Mais j'ai des devoirs à faire, p'pa !
GÉRARD – Tu les feras tout à l'heure ! Fouille !
SIMON – J'ai des leçons à apprendre, moi !
GÉRARD – Tu les apprendras plus tard ! Cherche ! Moi, je vais regarder dans la bibliothèque…
ALINE – Tout ça pour un aspirateur alors qu'on en a déjà un… Tu aurais dû gagner un ordinateur !
GÉRARD – J'ai gagné ce que j'ai pu, Aline. Cherche et ne discute pas !
SIMON – Tout ça pour mettre un papier dans une boîte… On pourrait le laisser en vue sur la cheminée, p'pa !

en vue : bien visible

GÉRARD – On a déjà perdu la clé. Voudrais-tu qu'on perde aussi le bulletin, Simon ? Cherche et tais-toi !

un bulletin : un reçu

Tout le monde cherche en silence, même Marie qui s'est décidée à fouiller dans ses revues.

GÉRARD – Simon, vois-tu quelque chose ? Il faut retrouver cette clé absolument !
SIMON – Non, p'pa ! Je ne vois absolument rien !
GÉRARD – Et toi, Aline ? Trouves-tu quelque chose ?
ALINE – Non, p'pa ! Je ne trouve absolument rien !

GÉRARD – As-tu regardé sous le buffet, Simon ?
SIMON – Je regarde, p'pa. Je ne fais que regarder !
GÉRARD – As-tu cherché sous la table, Aline ?
ALINE – Je cherche, p'pa. Je ne fais que chercher !

Tout le monde cherche encore un moment en silence. Marie soupire.

GÉRARD – Simon, vois-tu quelque chose, cette fois-ci ?
SIMON – Non, p'pa ! Je ne vois rien de rien !
GÉRARD – Et toi, Aline ? Trouves-tu enfin quelque chose ?
ALINE – Non, p'pa ! Je ne trouve rien, absolument rien !
GÉRARD – Simon, as-tu bien regardé sous la commode ?
SIMON – Je regarde, p'pa. Je n'arrête pas de regarder !
GÉRARD – Aline, as-tu bien cherché sous l'armoire ?
ALINE – Je cherche, p'pa. Je n'arrête pas de chercher !

une commode : un meuble bas à tiroirs

Soudain, la sonnette retentit.

retentir : résonner

SCÈNE III

GÉRARD – Qui cela peut bien être ? On attend quelqu'un ?
MARIE – Non, on n'attend personne… Simon, va donc voir !

Simon se précipite vers la porte. C'est la grand-mère.

SIMON – M'man, p'pa, c'est Grand'ma !
MARIE – Bonsoir, Grand'ma. C'est gentil de nous rendre visite.
SIMON – 'soir, Grand'ma !
GRAND'MA – Bonsoir, mon canard. Dis donc, aurais-tu encore grandi ?
SIMON – Je grandis tout le temps, Grand'ma, et je n'ai jamais été un petit canard.
ALINE – 'soir, Grand'ma !

embellir : devenir de plus en plus belle

une séance de relaxation : un cours où on fait des exercices physiques pour se détendre

fourbu : épuisé

GRAND'MA – Bonsoir, ma petite caille. Tu as encore embelli !
ALINE – J'embellis tout le temps, Grand'ma, et je n'ai jamais été une petite caille.
MARIE – Allons, les enfants… Ce sont des façons de parler… Et vous, Grand'ma, vous passiez…
GRAND'MA – Je sors juste de ma séance de relaxation. Fourbue, ma chère, je suis complètement fourbue !
MARIE – Pourtant, Grand'ma, la relaxation…
GÉRARD – Bonsoir, Grand'ma. Bon, les enfants, tout cela est bien joli, mais… Simon, regarde sous le canapé et Aline sous le fauteuil !

Grand'ma va s'asseoir dans le canapé…

des moutons : des flocons de poussière agglomérés

le néant : le vide

GRAND'MA – Mais que cherchez-vous donc ? Que font ces enfants à quatre pattes ?
MARIE – On cherche une clé, Grand'ma. La clé de ce coffret.
GÉRARD – Alors les enfants, toujours rien ?
SIMON – Un vrai désert, p'pa ! À part les moutons blancs…
ALINE – Un vrai néant, p'pa ! Sauf quelques vieux papiers…

Grand'ma toussote, et se tourne vers Marie.

GRAND'MA – Je prendrais bien une tasse de thé. Vous avez toujours de votre si bon thé ?
MARIE – Bien sûr, Grand'ma. C'est une bonne idée. Je vais mettre l'eau à chauffer. Tu en prendras aussi, Gérard ?
GÉRARD – J'ai bien autre chose à faire que de boire du thé ! Je te rappelle que nous avons perdu une clé !
MARIE – J'entends bien. Mais, s'il te plaît, ne démonte pas complètement la bibliothèque !
GÉRARD – Je ne démonte pas, je range, je trie, je cherche… Les enfants ?Toujours rien ?
ALINE – Toujours rien, p'pa ! Rien de rien !
SIMON – Rien de rien, p'pa !
GÉRARD – Ce n'est pourtant pas possible ! Elle ne s'est pas volatilisée !

se volatiliser : disparaître subitement

SCÈNE IV

Tandis que Marie apporte le plateau, on entend sonner à la porte.

GÉRARD – Mais qui cela peut bien être ? On attend donc encore quelqu'un ?
MARIE – Non, je t'ai déjà dit qu'on n'attendait personne… Simon, va donc voir !

Simon se précipite à nouveau vers la porte. C'est la tante Lucie.

SIMON – M'man, p'pa, c'est Tataluce !
MARIE – Bonsoir, tante Lucie. C'est gentil de nous rendre visite. Les enfants, dites bonsoir à tante Lucie !
SIMON – 'soir Tataluce !
TATALUCE – Bonsoir, mon lapin. Dis donc, aurais-tu encore grandi ?
SIMON – Je grandis sans arrêt, Tataluce, et je n'ai jamais été un petit lapin.
ALINE – 'soir, Tataluce !
TATALUCE – Bonsoir, ma petite colombe. Tu as encore embelli.
ALINE – J'embellis sans arrêt, Tataluce, et je n'ai jamais été une petite colombe.
MARIE – Allons, les enfants… Ne grognez pas :

ce sont des façons de parler… Et vous, tante Lucie, vous passiez…
TATALUCE – Je sors juste de ma séance de gymnastique. Moulue, ma chère, complètement moulue !

moulu : très fatigué (*langage familier*)

MARIE – Pourtant, tante Lucie, la gymnastique…
TATALUCE – Ah, Grand'ma, je ne t'avais pas vue. Tu étais là aussi.
MARIE – Gérard, tu pourrais descendre de ton escabeau pour dire bonjour à ta tante Lucie…
GÉRARD – 'jour, ma tante. Je suis très occupé…
TATALUCE – Fais, mon garçon, fais. Ne te dérange pas pour nous…
GÉRARD – Bon, les enfants, on a perdu assez de temps comme ça ! Simon, passe le couloir au peigne fin ! Aline, va dans l'entrée et cherche bien !

passer au peigne fin : fouiller minutieusement

SIMON – D'accord, p'pa. Le couloir à la loupe !
ALINE – C'est bon, p'pa. L'entrée au microscope !
TATALUCE – Ah ! vous alliez boire le thé ? Quelle bonne idée, ce thé !
MARIE – Oui, installons-nous…

Les dames s'installent autour de la table basse du salon.
Marie sert le thé, tandis que Gérard et les enfants cherchent encore.

Scène V

un garnement : un enfant coquin

se vautrer : se coucher de tout son long

un fiasco : un échec

scruter : examiner attentivement

rendre les armes : abandonner

Tataluce – Mon Dieu, Marie, que font donc ces garnements à se traîner à plat ventre ?
Marie – Ils cherchent une clé qui a disparu, tante Lucie. La clé du coffret de Gérard.
Tataluce – Et pour cela, Gérard, faut-il vraiment qu'ils se vautrent par terre ?
Gérard – C'est-à-dire, tante Lucie… Alors, les enfants, quelles nouvelles ?
Simon – Rien en vue, p'pa ! À part les miettes de pain…
Aline – Un vrai fiasco, p'pa ! Sauf des petits cailloux… Et toi, p'pa, sur tes étagères ?
Gérard – Je ne vois rien non plus, ma pauvre enfant. C'est à croire qu'on nous l'aura volée !
Simon – Ou cachée !
Aline – Ou mangée !

Gérard descend de son escabeau en soupirant. Les enfants reviennent dans le salon.

Gérard – Avons-nous cherché partout ?
Simon – J'ai tout fouillé, tout scruté !
Aline – J'ai tout regardé, tout retourné !
Gérard – Bon tant pis. Je rends les armes…
Simon – Moi aussi. J'en ai assez. J'abandonne…
Aline – Moi avec. Je n'en peux plus. Je laisse…

Gérard et les enfants s'affalent et se serrent sur le canapé.

GÉRARD – Marie, resterait-il un peu de thé ?
MARIE – Peut-être une goutte…
GÉRARD – Va pour la goutte avec un sucre…
MARIE – J'ai oublié le sucre…
GÉRARD – Ce n'est pas grave. Je vais en chercher… Poussez-vous un peu, les enfants. Hop ! Attention… C'est trop serré, ici. On passe à peine… Pardon ! Hop ! Voilà…

Marie se tourne vers Grand'ma et Tante Lucie.

MARIE – Finalement, Gérard prend bien les choses. La plupart du temps, ce genre d'incidents le met en colère, mais aujourd'hui…
GÉRARD – Voilà ! Je reviens avec mon morceau de sucre… Pardon, les enfants. Hop !… Poussez-vous un peu ! Là, attention…

un incident : un événement désagréable

Mais Gérard touche le plateau de thé avec son pantalon.
Le plateau pivote, glisse et tombe par terre, entraînant dans sa chute le coffret qui était posé, lui aussi, sur la petite table.
La boîte s'ouvre et les papiers s'éparpillent sur le thé renversé…

pivoter : tourner sur lui-même

s'éparpiller : se disperser de tous côtés

Scène VI

Marie – Oh ! Gérard ! Regarde ce que tu as fait ! Tu en as mis partout !
Simon – Pour une fois que ce n'est pas moi !
Aline – Pour une fois que je n'y suis pour rien !

Gérard, penaud et silencieux, se met à quatre pattes.
Il ramasse tout ce qui traîne et l'entasse sur la tablette.
Les autres se lèvent.

penaud : confus et honteux

entasser : empiler

GRAND'MA – Bon, je vais peut-être vous laisser…
TATALUCE – Moi aussi. Il est temps de partir…
MARIE – Je suis tout à fait désolée…
GRAND'MA – Ce n'est rien, ma fille, ce n'est rien.
TATALUCE – Ne vous en faites pas, Marie. Au revoir.
MARIE – Les enfants, dites au revoir à Grand'ma et tante Lucie.
SIMON – R'voir, Grand'ma, r'voir, Tataluce !
GRAND'MA – Au revoir, mon poussin. À très bientôt, mon petit…
TATALUCE – Au revoir, mon chaton. À très bientôt, mon mignon…
ALINE – R'voir, Grand'ma, r'voir, Tataluce !
GRAND'MA – Au revoir, ma poulette. À très bientôt, ma petite…
TATALUCE – Au revoir, ma biquette. À très bientôt, ma mignonne…
MARIE – Gérard, tu ne dis pas bonsoir à ta mère et à ta tante ?
GÉRARD – J'arrive, j'arrive !… Marie, tu ne me croiras jamais…

Gérard s'approche, l'air mystérieux, et dit au revoir.
Grand'ma et Tataluce sont parties.

SIMON – Alors, p'pa ? Qu'est-ce qui se passe ?

fichu : satané (*langage familier*)

ALINE – Dis-nous, p'pa ? Qu'est-ce qui t'arrive ?
GÉRARD – Il se passe que… que… Il se passe que j'ai trouvé la clé !
MARIE – La clé ?
GÉRARD – Oui, la clé. La fichue clé de ma cassette !
SIMON – Et où était-elle, cette fichue clé qu'on a cherchée partout ?
ALINE – Oui, où se cachait-elle, cette fichue clé pour laquelle tu nous as obligés à retourner toute la maison ?
GÉRARD – Sous la petite table !
MARIE – Comment, sous la petite table ?
GÉRARD – Oui, la clé était sans doute restée dans la boîte, et celle-ci n'étant pas fermée, quand je l'ai faite tomber…
SIMON – Comment ? La boîte n'était pas fermée ?
ALINE – Quoi ? La clé était dedans ?
GÉRARD – Oui, les enfants. Mais je sais ce que vous allez me dire. J'aurais dû vérifier… Pour l'instant, garnements, je vais ranger l'escabeau !
ALINE – Et aussi ton fichu papier…
SIMON – … dans son fichu coffret !

Madame d'Aulnoy

L'oiseau bleu

Illustré par Tosca

Il était une fois un roi fort riche en terres et en argent ; sa femme mourut, il en fut inconsolable. Il s'enferma huit jours entiers dans un petit cabinet, où il se cassait la tête contre les murs, tant il était affligé. On craignit qu'il ne se tuât : on mit des matelas entre la tapisserie et la muraille ; de sorte qu'il avait beau se frapper, il ne se faisait plus de mal.

Un jour, se présenta devant lui une femme qui pleurait et sanglotait si fort et si haut, qu'il en demeura surpris. Elle lui dit qu'elle n'entreprenait point comme les autres de diminuer sa douleur, qu'elle venait pour l'augmenter, parce que rien n'était plus juste que

un cabinet : un petite pièce située à l'écart

affligé : triste

de sorte que : si bien que

sangloter : pleurer abondamment

entreprendre : essayer

faire bien son compte : faire quelque chose qui satisfait
redoubler : augmenter
entretenir : parler de
un défunt : une personne qui est morte
renchérir : donner plus de prix
prier : demander avec insistance
immortaliser : rendre éternel

de pleurer une bonne femme ; que pour elle, qui avait eu le meilleur de tous les maris, elle faisait bien son compte de pleurer tant qu'il lui resterait des yeux à la tête. Là-dessus elle redoubla ses cris, et le roi, à son exemple, se mit à hurler. Il l'entretint des belles qualités de sa chère défunte, et elle renchérit celles de son cher défunt : ils causèrent tant et tant, qu'ils ne savaient plus que dire sur leur douleur.

Le roi en vint à la considérer avec beaucoup d'attention ; peu à peu il parla moins de sa femme, puis il n'en parla plus du tout. La veuve disait qu'elle voulait toujours pleurer son mari ; le roi la pria de ne point immortaliser son chagrin. Pour conclusion, l'on fut tout étonné qu'il l'épousât. Il suffit très souvent de connaître le faible des gens pour entrer dans leur cœur et pour en faire tout ce que l'on veut.

Le roi n'avait eu qu'une fille de son premier mariage, qui passait pour la huitième merveille du monde, on la nommait Florine, parce qu'elle ressemblait à une fleur, tant elle était fraîche, jeune et belle. Elle n'avait que quinze ans lorsque le roi se remaria.

La nouvelle reine avait une fille, qui avait été nourrie chez sa marraine, la fée Soussio ; mais elle n'en était ni plus gracieuse, ni plus belle. On l'appelait Truitonne, car son visage avait autant de taches de rousseur qu'une truite ; ses cheveux noirs étaient si gras et si crasseux que l'on n'y pouvait toucher, sa peau jaune distillait de l'huile. La reine l'aimait à la folie. Elle ne parlait que de la charmante Truitonne, et, comme Florine avait toutes sortes d'avantages au-dessus d'elle, la reine s'en désespérait. Elle cherchait tous les moyens possibles de la mettre mal auprès du roi.

la huitième merveille du monde : ce qu'il y a de plus beau au monde

crasseux : très sale

distiller : produire

se désespérer : se désoler

mettre mal : faire du tort

Le roi dit un jour à la reine que Florine et Truitonne étaient assez grandes pour être mariées, et qu'aussitôt qu'un prince viendrait à la cour, il fallait faire en sorte de lui en donner une des deux. « J'exige, répliqua la reine, que ma fille soit mariée la première : elle est plus âgée que la vôtre, et, comme elle est mille fois plus aimable, il n'y a pas à balancer là-dessus. » Le roi, qui n'aimait point la dispute, lui dit qu'il le voulait bien.

la cour : l'ensemble de la famille royale et son entourage

balancer : hésiter

À quelque temps de là, on apprit que le roi Charmant devait arriver. La reine commanda les plus beaux habits pour Truitonne. Cependant, elle pria le roi de ne rien faire pour Florine, puis s'arrangea pour qu'on lui vole tous ses habits, toutes ses coiffures et toutes ses pierreries le jour même que Charmant arriva. Florine demeura donc avec une petite robe fort crasseuse, et sa honte était si grande, qu'elle se mit dans le coin de la salle lorsque le roi Charmant arriva. La reine le reçut avec de grandes cérémonies : elle lui présenta sa fille, plus brillante que le soleil et plus laide par toutes ses parures qu'elle ne l'était ordinairement. Le roi en détourna ses yeux : la reine voulait se persuader qu'elle lui plaisait trop et qu'il craignait de s'engager, de sorte qu'elle la faisait toujours mettre devant lui.

des coiffures : des ornements portés sur la tête

cérémonies : avec beaucoup d'attentions

les parures : les bijoux

se persuader : croire

ne pas être brave : être craintif

une profonde révérence : un grand salut exécuté en s'inclinant et en pliant les genoux

un artifice : (ici) un ornement ou une parure ajoutée

accoutumé : habitué

coquette : qui aime être élégante

des galanteries : des compliments

consentir : accepter

Il demanda s'il n'y avait pas encore une autre princesse appelée Florine. « Oui, dit Truitonne en la montrant avec le doigt ; la voilà qui se cache, parce qu'elle n'est pas brave. » Florine rougit et devint si belle, si belle, que le roi Charmant demeura comme un homme ébloui. Il se leva promptement, et fit une profonde révérence à la princesse :

« Madame, lui dit-il, votre beauté est si incomparable qu'elle n'a besoin d'aucun artifice.

– Seigneur, répliqua-t-elle, je vous avoue que je suis peu accoutumée à porter un habit aussi malpropre que l'est celui-ci ; et vous m'auriez fait plaisir de ne pas vous apercevoir de moi.

– Il serait impossible, s'écria Charmant, qu'une si merveilleuse princesse pût être là, et que l'on eût des yeux pour d'autres que pour elle.

– Ah ! dit la reine irritée, je passe bien mon temps à vous entendre. Croyez-moi, seigneur, Florine est déjà assez coquette, et elle n'a pas besoin qu'on lui dise tant de galanteries. »

Le roi Charmant comprit aussitôt la réaction de la reine, mais demeura trois heures de suite auprès de Florine. La reine, au désespoir, et Truitonne, inconsolable, se plaignirent au roi et l'obligèrent à consentir que, pendant le séjour du roi Charmant, Florine soit enfermée dans une tour, où ils ne se verraient point.

En effet, aussitôt qu'elle fut retournée dans sa chambre, quatre hommes masqués la portèrent au haut de la tour, et l'y laissèrent dans la dernière désolation. Comme il ne savait pas les violences que l'on venait de faire à la princesse, le prince Charmant attendait l'heure de la revoir avec mille impatiences. Il voulut parler d'elle aux gens du palais, mais, sur ordre de la reine, ceux-ci lui dirent tout le mal qu'ils purent : qu'elle était coquette, inégale, de méchante humeur ; qu'elle tourmentait ses amis et ses domestiques, qu'on ne pouvait être plus malpropre, et qu'elle était avare.

À tout ce détail, Charmant souffrait et se sentait des mouvements de colère qu'il avait bien de la peine à modérer. « Non, disait-il en lui-même, il est impossible que le Ciel ait mis une âme si mal faite dans le chef-d'œuvre de la nature. C'est la reine qui la décrie ainsi : l'on n'est pas belle-mère pour rien ; et la princesse Truitonne est une bête laide et jalouse ! »

Il y eut alors un courtisan plus adroit que les autres, qui, changeant de ton et de langage pour connaître les sentiments du prince, se mit à dire des merveilles de la princesse. À ces mots il se réveilla comme d'un profond sommeil, il entra dans la conversation, la joie se répandit sur son visage. Charmant aimait Florine.

la dernière désolation : le plus grand chagrin

inégal : d'humeur changeante

tourmenter : faire souffrir

avare : qui aime l'argent et le garde sans le dépenser

modérer : retenir

décrier : dire du mal

un donjon : la tour la plus importante d'un château

aimable : qui inspire de l'amour

pourvoir : doter

le repos : la tranquillité d'esprit

amèrement : avec beaucoup de regrets

Pendant ce temps, la pauvre princesse était couchée par terre dans le donjon de cette horrible tour où les hommes masqués l'avaient emportée. « Je serais moins à plaindre, disait-elle, si l'on m'avait mise ici avant que j'eusse vu cet aimable roi : l'idée que j'en conserve ne peut servir qu'à augmenter mes peines. Je ne dois pas douter que c'est pour m'empêcher de le voir davantage que la reine me traite si cruellement. Hélas ! que le peu de beauté dont le Ciel m'a pourvue coûtera cher à mon repos ! »
Elle pleurait ensuite si amèrement, si amèrement que sa propre ennemie en aurait eu pitié si elle avait été témoin de ses douleurs. C'est ainsi que la nuit se passa.

Lorsque Charmant put aller chez le roi et la reine, il se rendit dans leur appartement : il espérait que Florine y serait ; il regardait de tous côtés pour la voir. Dès qu'il entendait entrer quelqu'un dans la chambre, il tournait la tête brusquement vers la porte ; il paraissait inquiet et chagrin. La malicieuse reine devinait assez ce qui se passait dans son âme, mais elle faisait semblant de ne rien voir. Enfin il demanda où était la princesse Florine.

« Seigneur, lui dit fièrement la reine, le roi son père a défendu qu'elle sorte de chez elle, jusqu'à ce que ma fille soit mariée.

– Et quelle raison, répliqua le roi, peut-on avoir de tenir cette belle personne prisonnière ?

– Je l'ignore, dit la reine ; et quand je le saurais, je pourrais me dispenser de vous le dire. »

Le roi se sentait dans une colère inconcevable ; il regardait Truitonne de travers, et songeait en lui-même que c'était à cause de ce petit monstre qu'on lui dérobait le plaisir de voir la princesse. Il quitta promptement la reine : sa présence lui causait trop de peine.

Quand il fut revenu dans sa chambre, il dit à un jeune prince qui l'avait accompagné, et qu'il aimait fort, de donner tout ce qu'on voudrait au monde pour convaincre une des servantes de la princesse, afin de pouvoir lui parler un moment.

chagrin : attristé

malicieux : plein de méchanceté

fièrement : avec hauteur

se dispenser : se permettre de ne pas faire

inconcevable : qu'on ne peut imaginer

regarder de travers : regarder avec mépris

dérober : voler

assurer : affirmer

avoir vent : apprendre par hasard

se tramer : se préparer secrètement

la passion : l'amour

un gage : un témoignage, une preuve

la foi : l'engagement

un serment : une promesse

On l'assura que le soir même Florine serait à une petite fenêtre basse qui donnait sur le jardin. Mais la reine eut vent de ce qui se tramait dans son dos et envoya Truitonne se faire passer pour Florine. La nuit était si noire, qu'il aurait été impossible au roi de s'apercevoir de la tromperie qu'on lui faisait.

Il se rendit au rendez-vous et prenant Truitonne pour Florine lui avoua sa passion. La princesse lui répondit qu'elle avait une belle-mère si cruelle qu'elle aurait toujours à souffrir jusqu'à ce que sa fille fût mariée. Le roi l'assura que, si elle le voulait pour époux, il serait ravi de partager avec elle sa couronne et son cœur. Là-dessus, il ôta sa bague de son doigt et, la mettant au doigt de Truitonne, il ajouta que c'était un gage éternel de sa foi et qu'il lui faisait le serment de revenir l'enlever au plus vite. Truitonne répondit du mieux qu'elle put à ses empressements. Il ne la quitta qu'à la condition de revenir le lendemain à pareille heure.

Et, en effet, le jour suivant, le roi vint la prendre dans une chaise volante, traînée par des grenouilles ailées : un enchanteur de ses amis lui avait fait ce présent. La nuit était fort noire ; Truitonne sortit mystérieusement par une petite porte, et le roi, qui l'attendait, la reçut dans ses bras et lui jura cent fois une fidélité éternelle.

ne pas être d'humeur : ne pas avoir envie

les noces : le mariage

rendre : amener

en particulier : seul à seul

conter : raconter

apaiser : calmer

troubler : gêner

Comme il n'était pas d'humeur à voler longtemps dans sa chaise volante sans épouser la princesse qu'il aimait, il lui demanda où elle voulait que les noces se fissent. Elle lui dit qu'elle avait pour marraine une fée qu'on appelait Soussio, qui était fort célèbre ; qu'elle était d'avis d'aller au château. Quoique le roi ne sût pas le chemin, il n'eut qu'à dire à ses grosses grenouilles de l'y conduire ; elles connaissaient la carte générale de l'univers et en peu de temps elles rendirent le roi et Truitonne chez Soussio.

Le château était si bien éclairé, qu'en arrivant le roi aurait reconnu son erreur, si la princesse ne s'était soigneusement couverte de son voile. Elle demanda sa marraine ; elle lui parla en particulier, et lui conta comme quoi elle avait attrapé Charmant, et qu'elle la priait de l'apaiser. « Ah ! ma fille, dit la fée, la chose ne sera pas facile : il aime trop Florine ; je suis certaine qu'il va nous faire désespérer. »
Cependant le roi les attendait dans une salle dont les murs étaient de diamants, si clairs et si nets, qu'il vit au travers Soussio et Truitonne causer ensemble. Il croyait rêver. « Quoi ! disait-il, ai-je été trahi ? les démons ont-ils apporté cette ennemie de notre repos ? Vient-elle pour troubler mon mariage ? »

Son inquiétude montait, mais ce fut bien pis quand elles entrèrent dans la salle et que Soussio lui dit d'un ton absolu :
« Roi Charmant, voici la princesse Truitonne, à laquelle vous avez donné votre foi ; elle est ma filleule, et je souhaite que vous l'épousiez tout à l'heure.
– Moi, s'écria-t-il, moi, j'épouserais ce petit monstre ! vous me croyez d'un naturel bien docile, quand vous me faites de telles propositions. Sachez que je ne lui ai rien promis ; si elle dit autrement, elle en a…
– À qui as-tu donné cet anneau pour gage de ta foi, parjure ? dit Truitonne en lui montrant sa bague. À qui as-tu parlé à la petite fenêtre, si ce n'est pas à moi ?
– Comment donc ! reprit-il, j'ai été déçu et trompé ? Non, non, je n'en serai point la dupe. Allons, allons, mes grenouilles, mes grenouilles, je veux partir tout à l'heure.
– Oh ! ce n'est pas une chose en votre pouvoir si je n'y consens », dit Soussio.
Elle le toucha, et ses pieds s'attachèrent au parquet, comme si on les y avait cloués.
« Quand vous me lapideriez, lui dit le roi, quand vous m'écorcheriez, je ne serais point à une autre qu'à Florine ; j'y suis résolu, et vous pouvez après cela user de votre pouvoir à votre gré.

pis : pire

absolu : qui ne souffre pas la contestation

tout à l'heure : tout de suite

un naturel : un caractère

une dupe : une personne trompée

lapider : tuer à coups de pierres

écorcher : enlever la peau

à votre gré : comme bon vous semble

– Tu n'as qu'à t'envoler par cette fenêtre, si tu veux, car tu seras sept ans Oiseau Bleu. » En même temps le roi change de figure : ses bras se couvrent de plumes et forment des ailes ; ses jambes et ses pieds deviennent noirs et menus ; il lui croît des ongles crochus ; son corps s'apetisse, il est tout garni de longues plumes fines et mêlées de bleu céleste ; ses yeux s'arrondissent et brillent comme des soleils ; son nez n'est plus qu'un bec d'ivoire ; il s'élève sur sa tête une aigrette blanche, qui forme une couronne ; il chante à ravir, et parle de même.

menu : fin et petit

s'apetisser : devenir plus petit

une aigrette : un ensemble de plumes qui surmontent la tête de certains oiseaux

En cet état il jette un cri douloureux de se voir ainsi métamorphosé, et s'envole à tire-d'aile pour fuir le funeste palais de Soussio.

Il voltige de branche en branche, et ne choisit que les arbres consacrés à l'amour ou à la tristesse, tantôt sur les myrtes, tantôt sur les cyprès ; il chante des airs pitoyables, où il déplore sa méchante fortune et celle de Florine. « Qu'est devenue ma belle ? disait-il. Où la chercherai-je ? Suis-je condamné à passer sept ans sans elle ? Peut-être que pendant ce temps on la mariera, et que je perdrai pour jamais l'amour de ma vie ? »

à tire-d'aile : en battant vigoureusement des ailes

funeste : qui apporte le malheur

un myrte : un arbuste à fleurs blanches et odorantes

la méchante fortune : le mauvais sort

affliger : attrister

paré : habillé

étaler : exposer pour faire admirer

de filigrane : tressé avec de minces fils

présentement : dès à présent

malicieusement : méchamment

Ces différentes pensées affligeaient l'Oiseau Bleu à tel point, qu'il voulait se laisser mourir. Pendant ce temps, la fée Soussio renvoya Truitonne à la reine. Quand elle apprit l'échec de son plan, elle se mit dans une colère terrible et décida de jouer un nouveau tour à la malheureuse Florine. Elle monta dans la tour avec Truitonne, qu'elle avait parée de ses plus riches habits. Elle avait également au pouce l'anneau du roi Charmant.

« Voilà ma fille qui vient vous apporter des présents de sa noce, dit la reine : le roi Charmant l'a épousée, il l'aime à la folie, il n'a jamais été de gens plus heureux. »

Aussitôt on étale devant la princesse des étoffes d'or et d'argent, des pierreries, des dentelles, des rubans, qui étaient dans de grandes corbeilles de filigrane d'or. En lui présentant toutes ces choses, Truitonne ne manquait pas de faire briller l'anneau du roi ; de sorte que la princesse Florine ne pouvait plus douter de son malheur. Elle s'écria, d'un air désespéré, qu'on ôtât de ses yeux tous ces présents si funestes ; qu'elle ne pouvait plus porter que du noir, ou plutôt qu'elle voulait présentement mourir. Elle s'évanouit ; et la cruelle reine, ravie d'avoir si bien réussi, alla conter malicieusement au roi que sa fille était si bizarre qu'il fallait la garder enfermée.

cesser : arrêter

la crainte : la peur

barbare : cruel et sans pitié

la captivité : le fait d'être retenu prisonnier

promptement : rapidement

des maux : des malheurs

un remède : une solution

Dans sa prison dorée, Florine ne cessait de pleurer. Le jour venu, elle se cacha dans sa chambre. Cependant le roi Charmant, ou pour mieux dire le bel Oiseau Bleu, ne cessait point de voltiger autour du palais. Il s'approchait des fenêtres le plus qu'il pouvait, pour regarder dans les chambres ; mais la crainte que Truitonne ne l'aperçût l'empêchait de faire ce qu'il aurait voulu.

« Il y va de ma vie, disait-il en lui-même : si ces mauvaises découvraient où je suis, elles voudraient se venger. »

Une nuit, il vint se percher sur un cyprès face à la fenêtre de Florine. C'est là qu'il entendit une personne qui se plaignait : « Souffrirai-je encore longtemps ? disait-elle ; la mort ne viendra-t-elle point à mon secours ? Ah ! barbare reine, que t'ai-je fait, pour me retenir dans une captivité si affreuse ? » L'Oiseau Bleu écoutait ; et plus il écoutait, plus il se persuadait que c'était son aimable princesse qui se plaignait. Il lui dit : « Adorable Florine, merveille de nos jours, pourquoi voulez-vous finir si promptement les vôtres ? Vos maux ne sont point sans remède.

– Hé ! qui me parle, s'écria-t-elle, d'une manière si consolante ?

– Un roi malheureux, reprit l'Oiseau, qui vous aime et n'aimera jamais que vous. »

En achevant ces mots, il vola vers la fenêtre. Florine eut d'abord grande peur d'un oiseau si extraordinaire, qui parlait avec autant d'esprit que s'il avait été homme, mais la beauté de son plumage et ce qu'il lui dit la rassura.

« M'est-il permis de vous revoir, ma princesse ? s'écria-t-il. Puis-je goûter un bonheur si parfait sans mourir de joie ?

– Et qui êtes-vous, charmant Oiseau ? dit la princesse en le caressant.

– Vous avez dit mon nom, ajouta le roi, et vous feignez de ne pas me connaître.

– Quoi ! le plus grand roi du monde, quoi ! le roi Charmant, dit la princesse, serait le petit oiseau que je tiens ?

– Hélas ! belle Florine, il n'est que trop vrai, reprit-il ; et, si quelque chose m'en peut consoler, c'est que j'ai préféré cette peine à celle de renoncer à la passion que j'ai pour vous.

– Pour moi ! dit Florine. Ah ! ne cherchez point à me tromper ! Je sais, je sais que vous avez épousé Truitonne ; j'ai reconnu votre anneau à son doigt. Elle est venue m'insulter dans ma triste prison.

– Elle vous a abusée, interrompit le roi. Sachez que par un subterfuge, la reine a cherché à me faire épouser Truitonne ; mais que, plutôt que de manquer à la fidélité que je vous ai vouée, je choisis d'être Oiseau Bleu sept ans de suite.

achever : terminer

avec esprit : avec intelligence

goûter : savourer

feindre : faire semblant

abuser : tromper

un subterfuge : une ruse

voué : promis

un terme : un mot
exprimer : dire
la fortune : la chance
une serre : une griffe de rapace

La joie de s'être trouvés était si extrême, qu'il n'est point de termes capables de l'exprimer ; chacun de son côté remerciait l'amour et la fortune. Cependant Florine s'inquiétait pour l'Oiseau Bleu : « Qui le protégera des chasseurs, disait-elle, ou de la serre aiguë de quelque aigle, ou de quelque vautour affamé, qui le mangerait avec autant d'appétit que si ce n'était pas un grand roi ? Ô ciel ! que deviendrais-je si ses plumes légères et fines, poussées par le vent, venaient jusque dans ma prison m'annoncer le désastre que je crains ? »

Le charmant Oiseau, caché dans le creux d'un arbre, avait été tout le jour occupé à penser à sa belle princesse. Pour faire plaisir à Florine, il vola jusqu'à son palais, entra dans son cabinet par une vitre qui était cassée et prit des pendants d'oreilles de diamants, si parfaits et si beaux qu'il n'y en avait point au monde de pareil. Il les apporta le soir à Florine, et les lui offrit. Le lendemain, l'Oiseau Bleu retourna dans son palais ; il entra dans son cabinet par la vitre rompue, et il en apporta les plus riches bracelets que l'on eût encore vus.

des pendants : une paire de boucles d'oreilles

« Pensez-vous, lui dit la princesse, que mes sentiments pour vous aient besoin d'être cultivés par des présents ? Ah ! que vous me connaîtriez mal.

cultivé : entretenu

– Non, madame, répliqua-t-il, je ne crois pas que les bagatelles que je vous offre soient nécessaires pour me conserver votre tendresse ; mais la mienne serait blessée si je négligeais aucune occasion de vous marquer mon attention ; et, quand vous ne me voyez point, ces petits bijoux me rappellent à votre souvenir. »

Dès que le jour paraissait, l'Oiseau volait dans le fond de son arbre, où des fruits lui servaient de nourriture. Quelquefois encore il chantait de beaux airs : sa voix ravissait les passants, ils l'entendaient et ne voyaient personne, aussi il était conclu que c'étaient des esprits. Cette opinion devint si commune, que l'on n'osait entrer dans le bois, on rapportait mille aventures fabuleuses qui s'y étaient passées, et la terreur générale protégea l'Oiseau Bleu.

Il ne se passait aucun jour sans qu'il fît un présent à Florine : tantôt un collier de perles, ou des bagues des plus brillantes et des mieux mises en œuvre, des attaches de diamants, des poinçons, des bouquets de pierreries qui imitaient la couleur des fleurs, des livres agréables, des médailles, enfin, elle avait un amas de richesses merveilleuses. Elle ne s'en parait jamais que la nuit pour plaire au roi, et le jour, n'ayant pas d'endroit où les mettre, elle les cachait soigneusement dans sa paillasse.

des bagatelles : des objets sans valeur

conserver : garder

blessé : humilié, offensé

des mieux mises en œuvre : finement fabriquées

une attache : un assemblage de pierres précieuses formé de plusieurs parties

un poinçon : une pièce de métal gravée en relief

une paillasse : un grand sac rembourré de paille qui sert de matelas

Deux années s'écoulèrent ainsi sans que Florine se plaignît une seule fois de sa captivité. Bien qu'elle ne vît personne et que l'Oiseau passât le jour dans le creux d'un arbre, ils avaient mille nouveautés à se raconter : la matière était inépuisable, leur cœur et leur esprit fournissaient abondamment des sujets de conversation.

des nouveautés : des nouvelles
la matière : des sujets de discussion
inépuisable : sans fin

Cependant la malicieuse reine faisait d'inutiles efforts pour marier Truitonne. Elle envoyait des ambassadeurs la proposer à des princes du monde entier. Dès qu'ils arrivaient, on les congédiait brusquement. « S'il s'agissait de la princesse Florine, vous seriez reçus avec joie, leur disait-on ; mais pour Truitonne, c'est non. » À ces nouvelles, mère et fille s'emportaient de colère contre l'innocente princesse qu'elles persécutaient : « Quoi ! malgré sa captivité, cette arrogante nous nargue ! » disaient-elles.
Une nuit, elles résolurent de monter la voir. Florine était avec l'Oiseau Bleu, à sa fenêtre, parée de ses pierreries et coiffée de ses beaux cheveux. La reine écouta à la porte.
« Ah ! ma Truitonne, nous sommes trahies », s'écria la reine en ouvrant brusquement la porte, et se jetant dans la chambre. Florine poussa promptement sa petite fenêtre, pour donner le temps à l'Oiseau royal de s'envoler.

congédier : renvoyer
brusquement : sans ménagement
un arrogant : une personne insolente et méprisante
résoudre : décider

sans pareille : sans égale

une mine : un gisement souterrain

un traité : un accord

méditer : prévoir de faire, préméditer

s'entretenir : parler avec

convenir : se mettre d'accord

La reine et sa fille l'examinèrent avec une surprise sans pareille, son admirable beauté et son extraordinaire parure les éblouissaient. « Et d'où vous viennent, madame, dit la reine, ces pierreries qui brillent plus que le soleil ? Y aurait-il des mines dans cette tour ?
– Je les ai trouvées, répliqua Florine ; c'est tout ce que j'en sais.
– Çà, çà, voyons, dit la reine, si cette innocente personne n'a point quelque traité fait avec les ennemis du royaume. »
Elle chercha elle-même partout. Dans la paillasse, qu'elle fit vider, elle trouva une si grande quantité de diamants, de perles, de rubis, d'émeraudes et de topazes, qu'elle ne savait d'où cela venait. Elle avait résolu de mettre en quelque lieu des papiers pour faire accuser la princesse. Elle voulut en cacher dans la cheminée, mais, par bonheur, l'Oiseau Bleu était perché au-dessus et s'écria : « Prends garde à toi, Florine, voilà ton ennemie qui te fait une trahison. » Cette voix inattendue épouvanta à tel point la reine, qu'elle n'osa faire ce qu'elle avait médité.
La reine la quitta, troublée de tout ce qu'elle venait de voir et d'entendre. Elle s'entretint avec Truitonne de ce qu'elles pouvaient faire contre la princesse. Elles convinrent que le mieux était de découvrir ce qu'il se passait dans sa chambre.

La reine envoya coucher dans la chambre de la princesse une jeune servante dont la véritable tâche était d'espionner Florine. La princesse n'osa plus se mettre à la petite fenêtre, quoiqu'elle entendît voltiger autour. Elle mourait d'envie de lui ouvrir, mais elle craignait d'exposer la vie de ce cher amant. Elle passa un mois entier sans paraître. L'Oiseau Bleu se désespérait. Quelles plaintes ne faisait-il pas ! Comment vivre sans voir sa princesse ?

Enfin, l'espionne, qui veillait jour et nuit depuis un mois, se sentit si accablée de sommeil, qu'un soir elle s'endormit profondément. Florine s'en aperçut. Elle ouvrit sa petite fenêtre, et dit :

une tâche : une mission

un amant : un amoureux

accablé de : abattu par

Oiseau Bleu, couleur du temps,
Vole à moi promptement.

L'Oiseau l'entendit si bien, qu'il vint promptement à la fenêtre. Quelle joie de se revoir ! Qu'ils avaient de choses à se dire ! Enfin, l'heure de se quitter arriva, sans que la geôlière se fût réveillée. Le lendemain encore, l'espionne s'endormit. La princesse se mit à la fenêtre, puis elle dit comme la première fois :

une geôlière : une gardienne de prison

Oiseau Bleu, couleur du temps,
Vole à moi promptement.

Aussitôt l'Oiseau vint, et la nuit se passa comme l'autre. Nos amants étaient ravis. La troisième nuit se passa encore très heureusement, mais la suivante...

La dormeuse ayant entendu du bruit écouta sans faire semblant de rien. Puis elle regarda de son mieux, et vit au clair de la lune le plus bel oiseau de l'univers qui parlait à la princesse, qui la caressait avec sa patte, qui la becquetait doucement. Enfin elle entendit plusieurs choses de leur conversation, et demeura très étonnée : car l'Oiseau parlait comme un amant, et la belle Florine lui répondait avec tendresse. Le jour parut, ils se dirent adieu ; et, comme s'ils eussent eu un pressentiment de leur prochaine disgrâce, ils se quittèrent avec une peine extrême.

becqueter : donner de petits coups de bec

un pressentiment : le sentiment qu'un événement va se produire

prochaine : proche

une disgrâce : la perte de leur bonheur

La princesse se jeta sur son lit toute baignée de ses larmes, et le roi retourna dans le creux de son arbre.

L'espionne courut chez la reine et lui apprit tout ce qu'elle avait vu et entendu. Elles réalisèrent que l'Oiseau Bleu était le roi Charmant.

« Quel affront ! s'écria la reine, quel affront, ma Truitonne ! Cette insolente princesse, que je croyais si affligée, jouissait en repos des agréables conversations de notre ingrat ! Ah ! je me vengerai d'une manière si sanglante qu'il en sera parlé. »

réaliser : comprendre

un affront : une offense qui humilie

jouir : profiter

un ingrat : quelqu'un qui n'est pas reconnaissant

témoigner : montrer
avoir un soupçon : donner le sentiment que l'on sait quelque chose

La reine renvoya l'espionne dans la tour. Elle lui ordonna de ne témoigner ni soupçon, ni curiosité, et de paraître plus endormie qu'à l'ordinaire. Elle se coucha de bonne heure, elle ronfla de son mieux, et la pauvre princesse déçue, ouvrant la petite fenêtre, s'écria :

Oiseau Bleu, couleur du temps,
Vole à moi promptement.

une peine : une difficulté

déplorable : mauvais

Mais elle l'appela toute la nuit inutilement, il ne parut point : car la méchante reine avait fait attacher au cyprès des épées, des couteaux, des rasoirs, des poignards. Lorsqu'il vint à tire-d'aile s'abattre dessus, ces armes meurtrières lui coupèrent les pieds. Il tomba sur d'autres, qui lui coupèrent les ailes et, enfin, tout percé, il se sauva avec mille peines jusqu'à son arbre, laissant une longue trace de sang. Que n'étiez-vous là, belle princesse, pour soulager cet Oiseau royal ? Mais elle serait morte, si elle l'avait vu dans un état si déplorable. Il ne voulait prendre aucun soin de sa vie, persuadé que c'était Florine qui lui avait joué ce mauvais tour.
« C'est toi, Florine, c'est toi qui me poignardes ! disait-il douloureusement. Tu m'as trahi et livré à Truitonne et sa mère ! Tel était donc le prix à payer pour gagner ta liberté ? »

accabler : démoraliser

un cor : une trompe servant à appeler

chérir : aimer profondément, adorer

languissant : affaibli

Ces funestes idées l'accablèrent à un tel point qu'il résolut de mourir. Mais son ami l'enchanteur, qui avait vu revenir chez lui les grenouilles volantes et leur chariot sans le roi, s'inquiéta de ce qui pouvait lui être arrivé. Il parcourut huit fois toute la Terre pour le chercher, sans qu'il lui fût possible de le trouver.
Il faisait son neuvième tour, lorsqu'il passa dans le bois où se trouvait l'Oiseau Bleu. Comme il l'avait fait de nombreuses fois, il sonna du cor assez longtemps, et puis il cria cinq fois de toute sa force : « Roi Charmant, roi Charmant, où êtes-vous ? »
Le roi reconnut la voix de son meilleur ami : « Approchez, lui dit-il, de cet arbre, et voyez le malheureux roi que vous chérissez, noyé dans son sang. » L'enchanteur, tout surpris, regardait de tous côtés sans rien voir : « Je suis Oiseau Bleu », dit le roi d'une voix faible et languissante.

Un autre que lui en serait resté étonné. Mais l'enchanteur n'ignorait aucun tour de l'art de la magie. Quelques paroles suffirent pour arrêter le sang. Puis, avec des herbes qu'il trouva dans le bois, il guérit le roi aussi parfaitement que s'il n'avait pas été blessé. Il le pria ensuite de lui apprendre par quelle aventure il était devenu Oiseau, et qui l'avait blessé si cruellement.

Le roi contenta sa curiosité : il lui dit que c'était Florine, pour faire la paix avec la reine, qui avait permis de garnir le cyprès de poignards et de rasoirs dont les lames l'avaient presque haché. Il se plaignit mille fois de l'infidélité de cette princesse, et dit qu'il aurait préféré mourir avant d'avoir connu son méchant cœur. Le magicien se déchaîna contre elle et contre toutes les femmes. Il conseilla au roi de l'oublier.
« Quel malheur serait le vôtre, lui dit-il, si vous étiez capable d'aimer plus longtemps cette ingrate ! Après ce qu'elle vient de vous faire, l'on en doit tout craindre. »
L'Oiseau Bleu n'en put demeurer d'accord. Il aimait encore trop chèrement Florine et, connaissant ses sentiments, l'enchanteur lui dit d'une manière agréable :

contenter : satisfaire

garnir : couvrir

hacher : couper en petits morceaux

se déchaîner : se mettre dans une terrible colère

Accablé d'un cruel malheur,
En vain l'on parle et l'on raisonne,
On n'écoute que sa douleur,
Et point les conseils qu'on nous donne.
Il faut laisser faire le temps ;
Chaque chose a son point de vue ;
Et quand l'heure n'est pas venue,
On se tourmente vainement.

vainement : inutilement

convenir : admettre, tomber d'accord

votre dignité : votre rang de roi

soutenir : affirmer

recouvrir : retrouver

le faste : la richesse, le luxe

Le royal Oiseau en convint. Il pria son ami de le porter chez lui et de le mettre dans une cage, à l'abri de la patte du chat et de toute arme meurtrière.

« Mais, lui dit l'enchanteur, resterez-vous encore cinq ans dans un état si déplorable et si peu convenable à vos affaires et à votre dignité ? Car enfin, vous avez des ennemis qui soutiennent que vous êtes mort. Ils veulent envahir votre royaume. Je crains bien que vous ne l'ayez perdu avant d'avoir recouvré votre première forme.

– Ne pourrais-je pas, répliqua-t-il, aller dans mon palais et gouverner tout comme je faisais ordinairement ?

– Oh ! s'écria son ami, la chose est difficile ! Tel qui veut obéir à un homme ne veut pas obéir à un perroquet ; tel vous craint étant roi, étant environné de grandeur et de faste, qui vous arrachera toutes les plumes, vous voyant un petit oiseau.

De son côté, Florine, la triste Florine, désespérée de ne plus voir le roi, passait les jours et les nuits à la fenêtre, répétant sans cesse :

Oiseau Bleu, couleur du temps,
Vole à moi promptement.

La présence de son espionne ne l'en empêchait point. Son désespoir était profond.
« Qu'êtes-vous devenu, roi Charmant ? s'écria-t-elle. Nos communs ennemis vous ont-ils fait ressentir les cruels effets de leur rage ? Avez-vous été sacrifié à leurs fureurs ? Hélas ! hélas ! n'êtes-vous plus ? Ne dois-je plus vous voir ou, fatigué de mes malheurs, m'avez-vous abandonnée à la dureté de mon sort ? »
Que de larmes, que de sanglots suivaient ces tendres plaintes ! Que les heures étaient devenues longues ! La princesse, abattue, malade, maigre et changée, pouvait à peine se lever de son lit. Elle était persuadée que tout ce qu'il y a de plus funeste était arrivé au roi.
La reine et Truitonne triomphaient. La vengeance leur faisait plus de plaisir que l'offense ne leur avait fait de peine. Et, au fond, de quelle offense s'agissait-il ?
Le roi Charmant n'avait pas voulu épouser un petit monstre qu'il avait mille sujets de haïr.

le désespoir : un profond chagrin

la rage : la colère

n'êtes-vous plus ? : êtes-vous mort ?

haïr : détester

Cependant le père de Florine, qui devenait vieux, tomba malade et mourut.

La fortune de la méchante reine et sa fille changea de face : elles étaient regardées comme des favorites qui avaient abusé de leur faveur. Le peuple mutiné courut au palais demander la princesse Florine, la reconnaissant pour souveraine. Truitonne s'enfuit chez sa marraine la fée Soussio. Les grands du royaume s'assemblèrent et montèrent à la tour, où la princesse était fort malade. Quand elle entendit tant de bruit, elle crut que l'on venait la tuer. Elle n'en fut point effrayée : la vie lui était odieuse depuis qu'elle avait perdu l'Oiseau Bleu.

un favori : celui qui occupe la première place au côté du roi

abuser : profiter exagérément

mutiné : révolté

les grands : les nobles les plus importants du royaume

odieux : insupportable

Mais ses sujets s'étant jetés à ses pieds lui apprirent le changement qui venait d'arriver à sa fortune. Elle n'en fut point émue. Ils la portèrent dans son palais et la couronnèrent.

ému : bouleversé

Les soins infinis que l'on prit de sa santé, et l'envie qu'elle avait d'aller chercher l'Oiseau Bleu, contribuèrent beaucoup à la rétablir, et lui donnèrent bientôt assez de force pour nommer un conseil, afin d'avoir soin de son royaume en son absence. Puis elle prit pour mille millions de pierreries, et elle partit une nuit toute seule, sans que personne sût où elle allait.

se rétablir : retrouver la santé

L'enchanteur qui prenait soin des affaires du roi Charmant, n'ayant pas assez de pouvoir pour détruire ce que Soussio avait fait, prit les grenouilles et vola chez la fée. Comme ils se connaissaient depuis cinq ou six cents ans, elle le reçut très agréablement :

« Que veut mon compère ? lui dit-elle (c'est ainsi qu'ils se nomment tous). Y a-t-il quelque chose pour son service qui dépende de moi ?

– Oui, ma commère, dit le magicien, il s'agit du meilleur de mes amis, d'un roi que vous avez rendu infortuné.

– Ah ! je vous entends, compère, s'écria Soussio. J'en suis fâchée, mais il n'y a point de grâce à espérer pour lui, s'il ne veut épouser ma belle et jolie filleule. À lui de réfléchir ! »

infortuné : à qui il est arrivé malheur

une grâce : un pardon

Truitonne était là. L'enchanteur la regarda, la trouva laide, mais ne dit rien. Cependant il ne pouvait se résoudre à s'en aller sans parvenir à un accord, parce que le roi avait couru mille risques depuis qu'il était en cage. Le pire de tout cela, c'est qu'il était sur le point de perdre son royaume. Ses héritiers faisaient tous les jours des fourberies nouvelles pour prouver qu'il était mort.

une fourberie : une tromperie

Enfin l'enchanteur conclut avec sa commère Soussio qu'elle mènerait Truitonne dans le palais du roi Charmant. Elle redonnerait aussitôt au roi son apparence, mais il n'aurait que quelques mois pour décider d'épouser Truitonne et rester un homme ou ne pas l'épouser et redevenir un oiseau.

La fée donna des habits tout d'or et d'argent à Truitonne, puis elle la fit monter derrière elle sur un dragon. Elles se rendirent au royaume de Charmant, qui venait d'y arriver avec son fidèle ami l'enchanteur.

En trois coups de baguette, le roi se vit le même qu'il avait été : beau, aimable, spirituel et magnifique. Mais la seule pensée d'épouser Truitonne le faisait frémir. Il était moins occupé de la conduite de son royaume que des moyens de proroger le terme que Soussio lui avait donné pour épouser Truitonne.

spirituel : qui a de l'esprit, intelligent

frémir : trembler

proroger : prolonger un délai

le terme : la fin du délai

Cependant la reine Florine, déguisée sous un habit de paysanne, avec ses cheveux mêlés, qui cachaient son visage, un chapeau de paille sur la tête et un sac de toile sur son épaule, avait commencé son voyage, tantôt à pied, tantôt à cheval, tantôt par mer, tantôt par terre.

Un jour qu'elle s'était arrêtée au bord d'une fontaine dont l'eau argentée bondissait sur de petits cailloux, elle eut envie de se laver les pieds. Il passa dans cet endroit une petite vieille toute voûtée, appuyée sur un gros bâton. Elle s'arrêta et lui dit :

« Que faites-vous là, ma belle fille ? vous êtes bien seule !

– Ma bonne mère, dit la reine, c'est ainsi, hélas, car j'ai avec moi les chagrins, les inquiétudes et les déplaisirs. »

mêlé : en bataille

argenté : de couleur argent

voûté : le dos courbé

les déplaisirs : les contrariétés, les ennuis

À ces mots, ses yeux se couvrirent de larmes. « Quoi ! si jeune, vous pleurez, dit la bonne femme. Ah ! ma fille, ne vous affligez pas. Dites-moi ce que vous avez sincèrement, et j'espère vous soulager. » La reine lui conta ses ennuis, la conduite de la fée Soussio et enfin qu'elle cherchait l'Oiseau Bleu.

sincèrement : avec franchise

La petite vieille se transforma tout à coup en une fée belle, jeune, habillée superbement et, regardant la reine avec un sourire gracieux, lui dit : « Incomparable Florine, le roi que vous cherchez n'est plus oiseau : ma sœur Soussio lui a rendu son apparence. Rendez-vous dans son royaume. Les quatre œufs que voici vous aideront à surmonter les difficultés que vous rencontrerez sur votre chemin. »

Puis, la fée disparut. Florine, consolée, plaça les œufs dans son sac et se mit en route vers le royaume de Charmant. Elle marcha pendant huit jours et huit nuits. Elle dut casser un œuf magique pour gravir une montagne immense et un autre pour la redescendre dans un chariot porté par deux pigeons. Arrivée à destination, elle demanda aux passants où elle pouvait voir le roi. Quelques-uns se prirent à rire ! « Voir le roi ? lui dirent-ils ; oh ! que lui veux-tu, ma mie Souillon ? Va, va te décrasser, tu n'as pas les yeux assez bons pour voir un tel monarque. »

ma mie : mon amie

une souillon : une servante malpropre

un monarque : un roi

La reine ne répondit rien : elle s'éloigna doucement et demanda encore à ceux qu'elle rencontra où elle se pourrait mettre pour voir le roi. « Il doit venir demain au temple avec la princesse Truitonne, lui dit-on, car enfin il consent à l'épouser. » Ciel ! quelle nouvelle ! Truitonne, l'indigne Truitonne, sur le point d'épouser le roi ! Florine n'eut plus de force pour parler ni pour marcher. « Infortunée que je suis ! disait-elle. C'était donc à cause d'elle que l'Oiseau Bleu cessa de me venir voir ! C'était pour ce petit monstre qu'il me faisait la plus cruelle de toutes les infidélités ! »

Quand on a beaucoup de chagrin, il est rare d'avoir bon appétit. La reine chercha où se loger, et se coucha sans souper. Elle se leva avec le jour, et courut au temple. Elle n'y entra qu'après avoir essuyé mille rebuffades des gardes et des soldats. Elle vit le trône du roi et celui de Truitonne, qu'on regardait déjà comme la reine. Quelle douleur pour une personne aussi tendre et aussi délicate que Florine ! Elle s'approcha du trône de sa rivale et se tint debout, appuyée contre un pilier de marbre.

Le roi vint le premier, plus beau et plus aimable que jamais. Truitonne parut ensuite, richement vêtue, et si laide, qu'elle en faisait peur. Elle regarda la reine en fronçant le sourcil.

un temple : un édifice religieux

indigne : qui ne mérite pas quelque chose

essuyer des rebuffades : être accueilli brutalement et avec des paroles blessantes

un trône : un siège surélevé, symbole du pouvoir royal

un rival : un adversaire, un concurrent

« Qui es-tu, lui dit-elle, pour oser t'approcher de mon trône d'or ?
– Je me nomme Mie-Souillon, répondit-elle ; je viens de loin pour vous vendre des raretés. » Elle tira aussitôt de son sac de toile des bracelets d'émeraude que le roi Charmant lui avait donnés.
« Ho ! ho ! dit Truitonne, voilà de jolies verrines ; en veux-tu une pièce de cinq sous ?
– Montrez-les, madame, aux connaisseurs, puis nous ferons notre marché. »
Truitonne s'avança jusqu'au roi et lui montra les bracelets. À leur vue, il se souvint de ceux qu'il avait donnés à Florine. Il pâlit, il soupira, et fut longtemps sans répondre. Enfin, il fit un effort et lui répliqua : « Ces bracelets valent, je crois, autant que mon royaume. Je pensais qu'il n'y en avait qu'une paire au monde, mais en voilà de semblables. »
Truitonne demanda à la reine combien elle voulait de ces bracelets.
«Vous auriez trop de peine à me les payer, madame, dit-elle. Il vaut mieux vous proposer un autre marché. Si vous m'autorisez à coucher une nuit dans le cabinet des Échos qui est au palais du roi, je vous donnerai mes émeraudes.
– Je le veux bien, Mie-Souillon », dit Truitonne en riant, montrant des dents plus longues que les défenses d'un sanglier.

des raretés : des objets que l'on ne trouve nulle part

une verrine : une boule de verre coloré

pâlir : devenir tout blanc sous le coup d'une émotion

une défense : une dent de grande taille sortant de la gueule d'un animal

C'est que pendant qu'il était Oiseau Bleu, le roi avait raconté à la princesse qu'il y avait sous son appartement un cabinet, qu'on appelait le cabinet des Échos, car tout ce qui s'y disait fort bas était entendu du roi lorsqu'il était couché dans sa chambre.

On mena la reine dans le cabinet par ordre de Truitonne. Elle commença ses plaintes et ses regrets.

« Cruel Oiseau Bleu ! dit-elle. Tu m'as oubliée, tu aimes mon indigne rivale ! Que t'ai-je donc fait, cruel, pour oublier tes serments ? Souviens-toi de ta métamorphose, de mes bontés, de nos tendres conversations. » Elle se plaignit encore et continua jusqu'au jour.

Las ! Par une étrange fatalité, le roi ne l'avait point entendue.

las : hélas

la fatalité : le mauvais sort

La reine eut alors l'idée de casser un des œufs que lui avait remis la fée. Aussitôt il en sortit un petit carrosse d'acier poli, garni d'or et attelé de six souris vertes, conduites par un raton couleur de rose. Cette nouveauté étonna si fort Truitonne qu'elle s'écria deux ou trois fois :

« Mie-Souillon, Mie-Souillon, combien veux-tu pour ton carrosse et ton attelage souriquois ?

– Dormir encore une nuit dans le cabinet des Échos, dit-elle, est tout ce que je demande.

– Accordé, pauvre bête », répliqua Truitonne.

souriquois : tiré par des souris (*mot imaginaire*)

La nuit vint. Florine dit tout ce qu'elle put imaginer de plus tendre, et elle le dit aussi inutilement qu'elle l'avait déjà fait, parce que le roi ne l'entendait toujours pas.

Il n'y avait plus qu'un œuf dans son sac. Elle le cassa : il en sortit un pâté de six oiseaux qui chantaient merveilleusement bien. La reine alla avec son pâté parlant voir Truitonne.

« Que fais-tu là, Mie-Souillon ? lui dit Truitonne.

– Madame, répliqua Florine, j'ai là un pâté qui chante. »

Truitonne jura :

« Par la vertu-chou, voilà un excellent pâté ! Mie-Souillon, que t'en donnerai-je ?

– Le prix ordinaire, dit-elle : coucher dans le cabinet des Échos, et rien davantage.

– C'est d'accord », ricana Truitonne.

La nuit venue, Florine ressassa à nouveau ses conversations avec le roi. Elle les répéta presque toutes, avec une mémoire qui prouvait assez que rien ne lui était plus cher que ce souvenir. Cette nuit-là, le roi entendit si distinctement la voix de Florine et toutes ses paroles, qu'il n'arrivait pas à comprendre d'où elles venaient. Il se mit à parler de son côté comme la reine avait fait du sien. Florine ne manqua pas de lui répondre que, s'il voulait faire venir la Mie-Souillon, il aurait la réponse à tous ces mystères.

par la vertu-chou : juron d'exclamation

ricaner : rire méchamment

ressasser : répéter inlassablement la même chose

cher : précieux

À ces mots, le roi, impatient, appela un de ses valets de chambre et lui demanda s'il ne pouvait point trouver Mie-Souillon et l'amener. Le valet de chambre répliqua que rien n'était plus facile, parce qu'elle couchait dans le cabinet des Échos. Le roi se leva et descendit dans le cabinet des Échos et, son amour l'emportant sur tout, dès qu'il reconnut la reine, se jeta à ses pieds. La reine ne demeura pas moins troublée. Son cœur se serra, elle pouvait à peine soupirer. Elle regardait fixement le roi sans rien dire. Quand elle eut la force de lui parler, elle n'eut pas celle de lui faire des reproches : le plaisir de le revoir lui fit tout oublier. Enfin, ils s'étaient retrouvés.

point : pas

troublé : ému

avoir le cœur serré : éprouver un vif sentiment

C'est alors que l'enchanteur, ami fidèle du roi, arriva avec la fée qui avait donné les quatre œufs à Florine. Ils déclarèrent que Soussio ne pouvait rien contre leurs deux pouvoirs réunis, et qu'ainsi le mariage du roi Charmant et de Florine pouvait se conclure sans crainte et sans délai. La nouvelle parvint jusqu'à Truitonne qui accourut aussitôt au palais. Quelle surprise d'y trouver sa belle rivale ! Dès qu'elle voulut ouvrir la bouche pour lui dire des injures, l'enchanteur et la fée la métamorphosèrent en truie et elle s'enfuit en grognant jusque dans la basse-cour.

la basse-cour : endroit de la ferme où on élève les volailles et les lapins

grandiose : magnifique et majestueux

Le roi Charmant et la reine Florine, délivrés d'une personne si odieuse, ne pensèrent plus qu'à la fête de leurs noces. Elle fut grandiose.

l'hymen : le mariage (*mot ancien*)

fertile : qui produit beaucoup, qui est riche en

les nœuds : les liens entre les personnes

par caprice : par fantaisie, sans avoir réfléchi

Quand Truitonne aspirait à l'hymen de Charmant,
Et que, sans avoir pu lui plaire,
Elle voulait former ce triste engagement
Que la mort seule peut défaire,
Qu'elle était imprudente, hélas !
Sans doute elle ignorait qu'un pareil mariage
Devient un funeste esclavage,
Si l'amour ne le forme pas.
Je trouve que Charmant fut sage.
À mon sens, il vaut beaucoup mieux
Être Oiseau Bleu, corbeau, devenir hibou même,
Que d'éprouver la peine extrême
D'avoir ce que l'on hait toujours devant les yeux,
En ces sortes d'hymens notre siècle est fertile :
Les hymens seraient plus heureux,
Si l'on trouvait encore quelque enchanteur habile
Qui voulût s'opposer à ces coupables nœuds,
Et ne jamais souffrir que l'hyménée unisse,
Par intérêt ou par caprice,
Deux cœurs infortunés, s'ils ne s'aiment tous deux.

UN DRÔLE D'ANGE GARDIEN

Scénario
Denis-Pierre
Filippi

Dessin
Sandrine
Revel

Tout a commencé il y a trois ans, en 1968. Ce devait être le début de l'automne, je crois...

débarquer : arriver
s'égarer : se perdre
satanée : maudite

un morveux : un enfant désagréable (*langage familier*)
un orphelin : un enfant qui a perdu ses parents

faire la causette : discuter
être susceptible : se vexer facilement
un avorton : un être faible
sans broncher : sans réagir
décamper : se sauver
couard : peureux

la marmaille : un groupe d'enfants bruyants (*langage familier*)
vociférant : hurlant

un orphelinat : une maison où sont élevés les enfants orphelins
un ange gardien : un ange qui protège une personne

une bicoque : une maison inconfortable (*langage familier*)

un marmot : un jeune enfant (*langage familier*).

En fait, c'est bien après l'heure du coucher, une fois la nuit tombée, que le petit diable nous a retrouvés. Jean et moi dormions déjà, en fait nous étions couchés depuis longtemps.
'FAITES PAS D'BRUIT, Z'ALLEZ TOUT FAIRE RATER !!
HiHiHi!
Enfin presque tous. Les plus grands avaient décidé de nous faire une farce. Ça les amuse ces idiots de nous embêter.
Mais le petit diable n'est pas resté à les regarder sans rien faire...
?!
C'ÉTAIT QUOI CE BRUIT ?...
AAAAAH!!!

prendre soin : s'occuper

Le lendemain, nous avions cours de géographie avec Monsieur De Cruchemol.
ALORS JEAN, LES FLEUVES FRANÇAIS,... MMH, ÇA NE T'INSPIRE PAS ON DIRAIT!
J'ME SOUVIENS PLUS M'SIEUR...
CE N'EST PAS GRAVE, JE VAIS UN PEU T'AIDER À TE SOUVENIR...
TENDS MOI TES MAINS JEAN!...
...
MAIS! MAIS! MAIS! ...
IL N'Y AURAIT PAS COMME UNE ODEUR DE BRÛLÉ, LÀ?...
?!

un cuistot : un cuisinier
(*langage familier*)

ÇA VA ALLER, C'EST JUSTE QUE J'AI PAS L'HABITUDE.
JE T'AVAIS BIEN DIT DE NE PAS MANGER AUTANT, TU NE M'ÉCOUTES JAMAIS !
J'CROIS BIEN QUE JE VAIS ALLER FAIRE PIPI !
ON FAIT UN CONCOURS LES GARS ?
GAGNÉ !
WHAOU ! SUPER !
BEN ÇA ALORS !

en vain : inutilement

des nippes de bourgeois :
des vêtements très chics (*langage familier*)
des frusques :
des habits (*langage familier*)

fuguer : s'enfuir de sa maison
combler : réaliser tous les désirs

piquer : voler (*langage familier*)

une corniche : un rebord au sommet d'un immeuble

mélancolie : tristesse

Arriva le jour où je me suis aperçue de sa présence...
SNIF
?!
SNIF
BONSOIR...
SNIF
EXCUSE-MOI, JE NE VOULAIS PAS TE RÉVEILLER.
SNIF
NON, NON, DE TOUTE FAÇON J'ARRIVAIS PAS À DORMIR.
TU FAIS QUOI ICI, ÇA FAIT LONGTEMPS QUE T'ES LÀ?
À VRAI DIRE, JE NE LE SAIS PLUS VRAIMENT MOI-MÊME.

DIS-MOI, ÇA SERAIT PAS, À CAUSE DE TOI QU'IL NOUS ARRIVE TOUS CES TRUCS BIZARRES DEPUIS QUELQUES JOURS?
BRRROOUF BRRROOUF
EN FAIT, J'ESSAIE DE VOUS PROTÉGER, MAIS JE NE DOIS PAS M'Y PRENDRE COMME IL FAUT CAR ELLE NE REVIENT PAS.
QUI C'EST QUI NE REVIENT PAS, ET TU FAIS MAL QUOI, AU JUSTE?
Ainsi le petit diable m'expliqua toute l'histoire, et comment il pensait arriver à revoir notre ange gardienne.

s'y prendre comme un pied :
s'y prendre mal (*langage familier*)

glauque : louche

avoir de l'ambition : avoir envie de devenir riche

Le lendemain matin, j'ai présenté le petit diable à Jean.
JEAN, JE TE PRÉSENTE DIABLO, NOTRE NOUVEL AMI. IL CHERCHE UNE PERSONNE, ET NOUS POUVONS PEUT-ÊTRE L'AIDER À LA RETROUVER !
SALUT DIBLO !
ZZZZZ
TU SAIS JOUER AUX BILLES, DIBLO ?
J'Y JOUE RAREMENT, JE PRÉFÈRE LE STRIP-POCKER, TU CONNAIS ?...
CLAP !
NON, CE JEU J'CONNAIS PAS. MAIS TU SAIS QUE C'EST MOI QUI FAIS PIPI LE PLUS HAUT À L'ORPHELINAT ?
PUPUCE ?
PUPUCE ??

ON POURRA PRENDRE DES MARRONS MARIE, J'AI TROP FAIM !
NON ! JEAN, C'EST TROP CHER POUR CE QUE C'EST, TU LE SAIS BIEN.
MONSIEUR ?!
?!
BAOUM !!!
NON, MAIS TU N'AS RIEN ÉCOUTÉ DE CE QUE JE T'AI EXPLIQUÉ CETTE NUIT, OU TU LE FAIS EXPRÈS LÀ !

POUF
PAF
ON SERAIT MORTS DE FAIM ENCORE, JE NE DIRAIS PAS. MAIS LÀ, TU VOIS, ON VA POUVOIR SURVIVRE JUSQU'AU REPAS SI ON SE PASSE DE MARRONS.
Y'A PAS DE DANGER, TU PEUX RENDRE LES MARRONS AU MONSIEUR!
ON SE POUSSE LA JEUNESSE!!
POUT TAC PAF TAC POUT
DIS DONC, SI JE T'ENNUIE, FAUT LE DIRE TOUT DE SUITE!
?!
?!
?!
POUT PAF TAC POUT PAF POUT TAC PAF TAC POUT TAC
?!
TU SAIS VOLER DIBLO, C'EST ÇA LE STRIP-POCKER?

PEUT-ÊTRE QU'ELLE A UN PEU DE RETARD, ELLE VA BIENTÔT ARRIVER, TU SAIS...
NON! ELLE NE VIENDRA PLUS, MAINTENANT, JE LE SAIS!
ET ÇA ME FAIT COMME SI J'ÉTAIS TOUT VIDE, LÀ, À L'INTÉRIEUR.
MAIS C'EST AUSSI ÇA QUAND ON EST AMOUREUX, PETIT DIABLE, TU SAIS.
EH BIEN, JE CROIS QUE JE NE VEUX PLUS ÊTRE AMOUREUX, MOI...

NON, JE NE VEUX PLUS.

nocturne : de nuit
cramer : brûler (*langage familier*)
le croupion : le derrière (*langage familier*)
le clape-bec : la bouche (*langage familier*)
les niards : les enfants (*langage familier*)

Bien entendu, les grands vilains et le petit diable ont fini par se rencontrer...
HUM...
J'AI COMME UNE IMPRESSION BIZARRE, TOUT À COUP...
SALUT LES GARS! JE PEUX VOUS AIDER?
?!
LE VILAIN PAS BEAU!!!
AAAH!!!
MAIS C'EST QU'ILS M'ONT MIS LE FEU À LA BARAQUE, CES CRÉTINS!...

ALLEZ, LES ENFANTS! ON SE RÉVEILLE!
?!
C'EST L'HEURE DE JOUER AUX POMPIERS!
ON VA ALLER FAIRE UN PETIT TOUR DEHORS, HISTOIRE DE PRENDRE LE FRAIS...
?!
QU'EST-CE QUI SE PASSE, PETIT DIABLE? C'EST QUOI TOUTE CETTE FUMÉE?
C'EST JUSTE LES GRANDS VILAINS QUI ONT MIS LE FEU À L'ORPHELINAT, RIEN DE BIEN GRAVE. LES FLAMMES, ÇA ME CONNAÎT, MOI!
RESTEZ LÀ! JE REVIENS AVEC LES AUTRES!
FAIS QUAND MÊME ATTENTION, DIBLO...

le teint : la couleur du visage

pas commode : pas facile

une ruelle : une petite rue étroite

Depuis ce jour, Jean et moi sommes bien protégés
Il faut dire que maintenant nous avons deux anges gardiens!
Deux anges et deux angelots, devrais-je dire. Car depuis peu, je suis...
30/30

marraine !
FIN DE L'EPISODE
· S. REVEL · DENIS-PIERRE F. 98.

Table

Si tu as aimé Le chat botté et L'oiseau bleu, tu aimeras aussi :

Le prince heureux et autres contes

d'Oscar Wilde

Illustration de couverture : Rebecca Dautremer

Livre de Poche Jeunesse n° 943

La statue du Prince heureux, superbe, surplombe la ville. Le Prince est triste car il voudrait donner ses richesses aux pauvres et ne sait comment faire. Une petite hirondelle va l'aider...

Si tu as aimé La clé de la cassette, tu aimeras aussi :

La famille Quigley
de Simon Mason

Illustration de couverture : Régis Faller
Livre de Poche Jeunesse n° 924

Papa regarde le foot à la télé et accepte volontiers de baby-sitter les petits voisins. Mais absorbé par le match, il ne remarque pas que la petite dernière a disparu... Lili est demoiselle d'honneur à un mariage, et elle a une idée fixe : être habillée en abeille pour le grand jour... Maman craque : les catastrophes s'accumulent et personne ne pense à lui souhaiter son anniversaire... Will veut un rapace pour Noël, mais comment convaincre ses parents ?

Dans

UN DRÔLE D'ANGE GARDIEN

Diablo met tout en œuvre pour aider les orphelins Jean et Marie à trouver une nouvelle famille. Y parviendra-t-il ? Tu le sauras en lisant les autres tomes de la série.

Tome 2 — Un zoo à New York

Jean et Marie découvrent l'existence d'un oncle, Anatole, directeur d'un zoo en plein cœur de New York. Accompagnés de leurs fidèles anges gardiens, les enfants partent faire sa connaissance.

Tome 3 — Diablo et Juliette

Juliette et Diablo filent le parfait amour, ce qui n'est pas du goût de Diablette, la cousine de ce dernier. Folle de jalousie, elle va tenter de tout faire pour les séparer.

Tome 4 — Des Vacances d'enfer

Pour les vacances d'été, nos deux orphelins sont attendus à la campagne par Lucille et Séraphin. Le couple, qui leur est très attaché, souhaite les adopter. À l'annonce de la nouvelle, Marie se rebiffe...

Tome 5 — Le Voleur d'étoiles

Jean et Marie coulent des jours heureux auprès de leurs parents adoptifs. Diablo et Juliette viennent troubler leur tranquillité. Un voleur d'étoiles sévit dans la région. Il faut le démasquer !

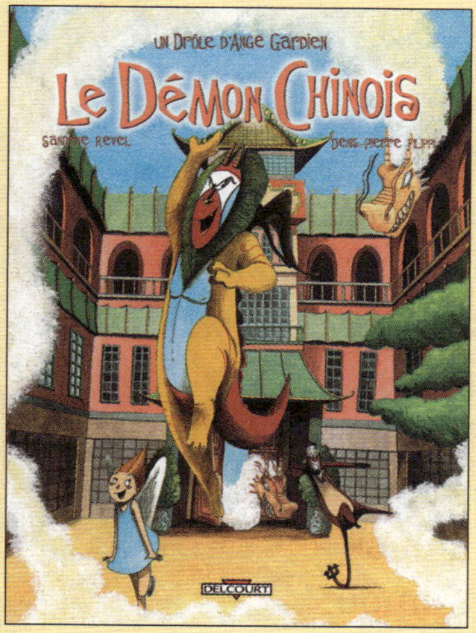

Tome 6 — Le Démon chinois

Lorsque Diablo et Juliette sauvent Yoshito des griffes des dragons-zéphirs, ils ignorent qu'il s'agit d'un puissant démon chinois. Quelle surprise lorsque celui-ci leur explique qu'il est justement venu chercher leur aide pour s'opposer à son maître : Yen Lo Wong !

Format 22 x 29 — 32 pages couleur

DELCOURT JEUNESSE

Édition : Thierry Amouzou
Fabrication : Isabelle Simon-Bourg
Illustrations : Alain Boyer, Sylvie Eder, Tosca, Sandrine Revel
Dessins (*Le chat botté*) : Gustave Doré, Adrien Marie
© Photothèque Hachette Livre, colorisées par Michaël Funck
Création de la couverture : Laurent Carré, Alain Boyer
Réalisation de la couverture : Créapass, Paris
Maquette intérieure : Laurent Carré, Michaël Funck
Réalisation : Michaël Funck
Photogravure : Nord Compo

Achevé d'imprimer en Italie par Rotolito
Dépôt légal : 77051-08/2006 - Collection n° 73 - Edition 02
11/7325/1